Loly Triana

Luisa y Felipe

Publicado por
D'har Services
P.O. Box 290
Yelm, Wa 98597
www.dharservices.com
info@dharservices.com
dharservices@gmail.com

Derechos de autor © 2013

Diseño de carátula: Arq. Graciela García Triana
Revisión y corrección:
Prof. Orestes A. Pérez
Luisa M. Ramos

ISBN-13: 978-1-939948-15-1

Derechos Reservados
Todos los derechos de autor están reservados. Este libro no se puede reproducir completo o por partes, o traducir a cualquier idioma por medios electrónicos, mecánicos, fotocopiado o ningún otro sistema sin la previa autorización por escrito de la autora, excepto por alguna persona que use pasajes como referencia.

A mis padres,
A mis hijas
A Luisa y Felipe que me regalaron su historia.
A todos los que han sufrido y sufren el desarraigo.

A Francisca Argüelles directora Club de Literatura.
A mis compañeros del Club de Literatura.
Al Prof. Orestes Pérez director Club Cultural de Miami "Atenea"
A los miembros de la peña del Club Cultural de Miami "Atenea"
A Edilma Ángel, editora
A mi hija Graciela por el diseño de cubierta

Índice

Prólogo 11
Introducción 13

Capítulo 1
Cuba 15
    Causas e incidencias de la emigración cubana 15
    Características de las migraciones: los emigrantes
    Diferencias en el tiempo 15
    Cuba antes de 1959 17
    Contexto social y educacional 17

Capítulo 2
Luisa 21
    Educación en el hogar 22
    Educación en la escuela primaria 27
    El contexto escolar no docente 28

Capítulo 3
Felipe 33
    Educación en el hogar 34

Capítulo 4
Luisa y Felipe 35

Capítulo 5
Luisa 37

Capítulo 6
Luisa y Felipe 41

Capítulo 7
Felipe 47

 *Luisa y Felipe*

Capítulo 8
Luisa ... 51

Capítulo 9
Decadencia de una nación ... 59
    Otros estragos de la bomba ... 59

Capítulo 10
El desarraigo ... 64

Capítulo 11
Luisa y Felipe ... 73
    El reencuentro ... 73

Epílogo ... 75
Apéndice ... 77
Algunas anécdotas ... 77

Prólogo

Presentar a "Luisa y Felipe", una novela testimonio, escrita en el exilio con la pasión y el talento extraordinario que brota de la pluma de la escritora: Loly Triana, es un honor.

En esta novela la autora denuncia al mundo entero, la triste situación imperante en Cuba, nuestra isla cautiva, donde la realidad supera la ficción, y el tiempo mudo testigo de esta cruel tragedia, se confabula con los deseos de los protagonistas, eternos enamorados, hasta llevarlos a un reencuentro; donde la fantasía se supera para llegar a un final feliz.

Entrar en detalles es negar al lector, el incomparable placer de la lectura de esta maravillosa y conmovedora obra de un amor verdadero. Algunos lectores verán reflejado en ella retazos de su propia historia.

La autora, se siente agradecida con los personajes que hicieron posible esta desnuda realidad. Novela basada en hechos reales, escrita en forma sencilla pero sentida. Ahora el tiempo es suyo para disfrutarla plenamente.

Cuando soñar es posible, la libertad de un pueblo siempre, resulta una esperanza y si permanece el sueño, entonces la quimera se hace realidad.

Orestes A. Pérez
Periodista, Escritor y Poeta

Introducción

Esta historia que presento no es una obra de ficción, en absoluto; muy por el contrario, es real. Está muy lejos de ser una novela "rosa". Sus protagonistas son de carne, hueso y mucho corazón.

Quizá algún día pasen por su lado o tal vez ya lo hayan hecho. Otros los conocen, algunos no los verán nunca. Pero, al mismo tiempo que es verdaderamente la historia de amor de Luisa y Felipe, es la historia de muchos que han vivido lo mismo, de diferente forma...con diversos finales, pero con un mismo hilo conductor: la separación, la distancia, el tiempo, los recuerdos, ¿el olvido? ¿El reencuentro? **Cuba y el exilio.**

En 1959, cuando la revolución cubana liderada por Fidel Castro triunfó y se asentó en el poder, fue como una bomba devastadora que cayó sobre nuestro país. Una bomba que causó la dispersión del pueblo, la desunión de las familias, de forma brutal, física y mentalmente.

De un lado los que partieron, del otro los que se quedaron.

Al mismo tiempo, dentro del país, la misma división separó a los que simpatizaban con la naciente Revolución y a los que nunca la consideraron auténtica. Se distanciaron padres e hijos, hermanos, amigos, matrimonios, novios... la debacle.

Tristemente, al cabo de cincuenta y cinco años de la "explosión de la bomba", sus efectos permanecen, *casi* perpetuándose. Extendiéndose desde finales de la primera década de la segunda mitad del siglo XX, hasta más allá del primer decenio del XXI: el éxodo continúa, posiblemente, más intenso que antes.

Capítulo 1

Cuba
Causas e incidencias de la emigración cubana

En un encuentro en el año 2013 entre representantes de la Iglesia Católica Romana y dirigentes del Gobierno cubano, se planteó que del total de once millones de habitantes censados en el país, un 13 % reside en el extranjero, de los cuales el mayor porcentaje lo componen jóvenes, entre los que predomina el sexo femenino.

El envejecimiento poblacional en Cuba es uno de los más altos de la región de América Latina y el Caribe, y en 2050 estará entre los primeros del planeta. El factor migratorio, entre otros, influye en este envejecimiento, ya que la fecundidad decrece notablemente debido a la disminución de la población femenina en edad fértil. Pero sobre todo, un aspecto determinante es el de la situación económica imperante que ha frenado la procreación de las parejas que postergan el hecho de ser padres pensando en tener una mejor situación material, que no llega, sino por el contrario, se acrecienta el empobrecimiento de la población.

Características de las migraciones: los emigrantes. Diferencias en el tiempo:

Cuando los primeros cubanos partieron hacia el exilio, hubieron de romper con todo y todos; dejaron atrás familiares, amigos, romances, hábitos, bienes materiales... algunos

Luisa y Felipe

"cargaron en su equipaje" con las tradiciones que les fue posible: Nochebuena, Día de Reyes, celebración del día de La Caridad del Cobre, Patrona de Cuba, las fiestas patronales locales etc. Poco a poco fueron sumando las nuevas que existían en los países en los que se habían establecido, uniendo las propias con las de los lugares en los que se asilaron.

Al mismo tiempo, los que nos quedamos tuvimos que aceptar la incomunicación con los que se iban: cero correspondencias, cero contactos telefónicos. No importó, a los que impusieron esos requisitos, que madres e hijos no supieran más los unos de los otros; no se consideraron vínculos familiares ni grados de parentesco, para ellos, simplemente se fueron: eran *"traidores, gusanos, apátridas, escorias"*, no se podía contactar con ellos, pues se consideraba (por el gobierno y algunos exaltados) que quienes lo hacían pensaban igual que los que partían. Esta etapa fue muy dura tanto para los de afuera como para los de adentro.

En nuestro caso, el de los que nos quedamos, tuvimos que renunciar a nuestras tradiciones, de seguir practicándolas tenía que ser de forma oculta, como el que comete un delito.

Actualmente, las leyes se han *"flexibilizado"*. Los que salen del país pueden volver cada vez que quieren, porque en el presente los que emigran "no se marchan por desacuerdo político sino por problemas de índole económica".

No se les llama gusanos, traidores ni apátridas, ni a los que salen hoy, ni a los que salieron antes, ahora han pasado a ser "comunidad cubana en el exterior" (ya no son traidores, hoy jocosamente se les llama *trai-dólares*) lo que unos ven como apertura y otros, como oportunismo.

La historia de *Luisa y Felipe* se enmarca en este período largo que comenzó en 1959, llega hasta nuestros días y parece no tener fin.

Cuba antes de 1959
Contexto social y educacional

Hay detalles de esta historia que a los de nuestra generación y a los que nos antecedieron no les resultarán extraños. Sin embargo, a los más jóvenes les parecerán pura fantasía.

Luisa narra la vigilancia extrema a que estaba sometida, fundamentalmente por su madre, y las obligaciones que tenía que cumplir a disgusto, como parte del aprendizaje y preparación para la vida.

No era solo ella la que tenía que cumplir determinadas normas, prácticamente todas las niñas-adolescentes teníamos que acatar aquellas que regían de forma general o particular en cada familia.

Sin embargo, Luisa reivindica a sus padres pues los resultados obtenidos inclinan la balanza hacia el valor de esas exigencias.

La vigilancia materna-paterna no era solamente característica de la familia de Luisa. Era una práctica usual. Eran normas de vida.

En mi casa, por ejemplo, existían varios mandamientos que también regían en casas de amigas mías, con algunas variantes:

Las niñas no tienen amigos, solo amigas.

Las niñas no pueden tener noviecitos porque "la gente habla de ellas"; es muy importante "no dar que hablar".

Las niñas (adolescentes de 14 años) no pasean por el parque, ahí solo se va a buscar novio.

Las niñas no bailan hasta que cumplen los 15 años (y cuidado, un día me enteré, por mi papá, que en los planes de mi mamá no estaba que yo bailara ni a los 15 ni nunca). Les dije: "¿Y dónde se conocieron ustedes, a ver si lo recuerdan? En un baile por el 20 de Mayo en el Liceo"; se echaron a reír, no quedaba otra. Les dije: "Me basta, yo espero a los 15, ni un día más".

Las niñas no se afeitan las piernas, ni se sacan las cejas ni se maquillan hasta los 15.

Las mujeres no deben salir frecuentemente a pasear por la noche, ni tratar muchos hombres, les pueden decir "Bacardí", que ligan con todo. ¡Jajaja!

La mujer debe tener un solo novio, casarse con el primero.

Una vez casadas, deben tolerar las "cosas" del esposo, son asuntos de hombres y una mujer divorciada no es decente, sobre todo si se vuelve a casar, al igual que una viuda.

Si vas a una fiesta hoy no puedes ir a otra mañana. Escoge.

Si te decides a tener novio ya no puedes salir más con tus amigas a pasear ni a una fiesta. Chaperona, solamente mamá.

Y pudiera continuar la lista, eran muchos más de diez. Y si sumo los de otras casas haríamos una enciclopedia digital.

Así se desarrollaba nuestra vida. Entre dimes y diretes, de padres/madres e hijas. (Luisa, no fuiste la única a la que llevaron recio. Reconozco, como tú, que gracias a esa crianza hoy soy lo que soy, sin que nadie pueda señalarme con un dedo desde el punto de vista de valores y principios, los que en mí forjaron mi familia, mi colegio y mi iglesia —que no por

nombrarla de último es la que menos cuenta—. Los tres han sido y son importantes en mi vida, y así los he proyectado en mis hijas).

Y digo más, la mayoría que fuimos criadas en esas costumbres y que no claudicamos ante las adversidades que se nos presentaban en el entorno nacional político-social-económico, hoy en día somos mujeres responsables, preocupadas por la familia y, sobre todo, por nuestros hijos/as, a quienes transmitimos lo que aprendimos, de forma contextualizada en tiempo y espacio, pero en la misma dirección, sin hacer concesiones de principios morales. Agradecemos a nuestros padres, abuelos y otros familiares la crianza recibida. A pesar de que reconocemos que en ocasiones "se les fue la mano", el balance final es positivo, se inclina en su favor.

También tenemos que agradecer a nuestros docentes, tanto de colegios privados como públicos el programa educacional e instructivo que se impartía, el habernos enseñado asignaturas tan importantes como Moral y Cívica, Historia de Cuba, valorando en su justa dimensión a los próceres de la Independencia, inculcando el amor y el respeto a los símbolos patrios. Todo esto haciendo referencia a los grandes educadores de siglos anteriores, que formaron generaciones de patriotas, figuras como el Padre Félix Varela, José de la Luz y Caballero, José Agustín Caballero, Rafael María de Mendive y el propio José Martí.

Qué alumno no sabía la dimensión de los Maceo y de su madre Mariana Grajales, y la de las esposas de Agramonte, Amalia Simoni y de Antonio Maceo, María Cabrales; la humildad de Ignacio Agramonte cuando rehusó calzarse un par de botas nuevas, que le ofreció el esclavo que lo crió, si antes no conseguía un par para cada uno de los que

formaban su tropa; la grandeza de Carlos Manuel de Céspedes, quien ante la propuesta del enemigo de entregarse a cambio de la vida de su hijo, no claudicó, proclamando que todos los cubanos eran sus hijos, incidente por el que ha trascendido como "Padre de la Patria".

Quién no conocía a José Martí como patriota, gestor de la Guerra del '95 y gran intelectual, poeta y escritor, considerado como uno de los iniciadores del Modernismo.

Me parece necesario este preámbulo para dar a conocer el entorno en que se desarrolló nuestra generación, la misma de Luisa y Felipe. A cada uno le tocó vivir las dos caras de la moneda: la de los que nos quedamos y la de los que se fueron.

En toda historia hay un antes y un después. Por lo que le invito querido lector, a conocer a Luisa y Felipe.

Capítulo 2

Luisa

Conocí a Luisa en la escuela primaria, en un prestigioso colegio privado, de educación laica aunque adscrito a una denominación cristiana y rectorado por esta. Era un colegio de matrícula mixta, es decir, hembras y varones. Si viene al caso, más adelante haré una observación sobre esto.

Cuando a Luisa la matricularon en el colegio, en preprimario (ahora le llaman preescolar), yo comenzaba el primer grado. Debe haber sido en el curso 1954 – 1955.

A pesar de no coincidir en la misma aula o nivel de grado, invariablemente, a principios de curso nos gustaba ver a "los nuevos", así que recuerdo a una niña de pelo rubio, corto, rizado, ojos pardos, de cara bonita, mirada pícara, y tez blanca dorada. Era una niña tranquila, pero lo vivaz de su expresión y su locomoción daban lugar para pensar que era "candela" en la clase. Mas fue siempre una alumna disciplinada y aplicada, no daba quehacer a los maestros.

Educación en el hogar

En el hogar la vida transcurría de forma tradicional, característica en una familia funcional. Comían todos juntos, a la hora señalada, manos y caras limpias, todos bien peinados. Correctamente sentados a la mesa. Salían a visitar algunos familiares casi diariamente.

Desde lo más remoto de sus recuerdos, extrae el amor a la lectura y a la música, que desde muy pequeña le inculcaron sus padres, encargándose ellos de seleccionar solo aquello que de veras tuviera valores literarios, morales y cuyos contenidos fueran apropiados a su edad. En cuanto a la música, hacían mucho hincapié en aquella en que por aquel entonces en Cuba se le llamaba clásica: Mozart, Beethoven, Liszt, etc.

Por ese amor a la música, Luisa se vio obligada a estudiar piano durante ocho largos años, sin sentir interés por ello. Trató de rebelarse a los nueve años y encaró a su madre diciéndole que dejaría las clases. Esta contestó: "Por encima de mi cadáver". Y la niña no tuvo otra opción que continuar machacando blancas y negras.

Hago un paréntesis con relación a lo anterior. En aquella época, década de los '50 y principio de los '60, y en decenios anteriores, principalmente en los pueblos de provincias era de "buen gusto" que las niñas estudiáramos piano por tres motivos fundamentales: adquirir cultura musical, tener ocupado el tiempo en algo útil y por bonito, así de sencillo.

—Luisa, la vida nos hace travesuras, tú odiabas el piano, yo lo adoraba, pero no poseía el instrumento ya que mis padres no tenían economía para comprarlo. Llegué a los 16 años estudiando de favor en casa de algunas amigas, generalmente en la de una de ellas coincidiendo mi horario

de estudio con la siesta de su papá, que era sagrada y nadie, ni las moscas, se atrevían a interrumpir.

Sin embargo, con mi presencia se violaba esa disciplina por solidaridad y cariño hacia mí; compromiso no había ninguno, como nunca hubo un mal gesto, una mala cara ni una excusa. Con 16 años, en segundo año de preuniversitario, y quinto de piano, me dije: "Cuando me gradúe de preuniversitario no habré terminado los estudios de piano, iré para la universidad y jamás podré finalizarlos".

Sumando a esto la vergüenza que me daba molestar, me daba cuenta de que, aunque bien recibida, era inoportuna, y no encaré a mis padres, simplemente les informé: "No voy más a las clases de piano". Amiga, nadie se imagina el dolor que sentí al tomar esa decisión. Mis progenitores protestaron, le echaron la culpa al "totí", pero contra su voluntad y por encima de mis propios sentimientos, lo abandoné. (Fíjate si me dolió que entre mis proyectos de vida, cuando me jubilara, estaba retomar las clases de piano, lo que no he logrado; en fin, el karma es el karma, aunque no creo en esto, más bien son misterios inexpugnables).

Los padres de Luisa eran fuertes de carácter. Recuerdo a su mamá, alta, ni gorda ni flaca, con cabello castaño rizado con permanente, tipo melena, ojos pardos, imponente. Inspiraba más respeto que lo normal, aunque nos trataba bien. Era evidente su fortaleza de espíritu.

El padre también imponía, aunque lo conocí menos, callado pero igual de enérgico. Se pasaba el día trabajando en sus fincas. Conociendo bien la esposa que tenía, descansaba en ella la crianza de su hijas, aunque no se desatendía del todo del tema, interviniendo siempre que lo consideraba necesario, eso sí, sin controversias o contradicciones con la

madre. Por lo que las niñas crecieron en un ambiente armónico y de excelentes costumbres.

El piano estaba ubicado en un área, detrás de la saleta, semiabierta, techada pero sin cierre en su límite con el patio, soportada por columnas. Ellos le llamaban "el portalón", era una galería ancha, creo que aproximadamente de unos 2.50 m en forma de L. El papá se sentaba al piano y tocaba dos piezas que se sabía de oído, la habanera "La Paloma", del compositor vasco Sebastián Iradier y el vals "Damisela encantadora", del cubano Ernesto Lecuona, deleitando a la familia y a los vecinos colindantes.

Luisa me cuenta que las relaciones con su madre siempre fueron difíciles, tal vez pudieran describirse como un "choque de trenes", ya que en sus genes lleva la fortaleza de carácter de ambos padres. Muchos eventos de su infancia y adolescencia los ha olvidado atribuyéndoselo a que deben haber sido sucesos poco agradables... "estudiaba mucho, era muy aplicada, jugaba a las maestras..._recuerda muy poco más_ "algunas cosas me disgustaban: por ejemplo que me obligaran a comer, o a realizar tareas poco atractivas so pretexto de que aprendiera a hacerlas (como pelar un pollo, jajaja) —amiga alégrate, yo traté de pelar uno a los 25 años y no pude, jamás he podido— y continua "Nunca tuve permiso para ir sola a las fiestas, siempre tenía que ir mi mamá como chaperona, ninguna otra mamá..."

—En ese caso estábamos casi todas. Yo me salvé en la "punta de la piragua" porque mi madre, por asuntos de trabajo en la capital provincial, no llegaba a tiempo para acompañarme a algunas fiestas, entonces hice casi lo mismo que con el piano, decidí yo, me buscaba una mamá que fuera y le decía a mi papá, voy a tal fiesta con la mamá de Fulanita, claro que hubo resistencia, pero siempre gané, no en balde

tenía a mi abuela paterna conmigo para "tirarme la toalla" y decirle a mi papá que estábamos en otra época._

A pesar de algunas restricciones, Luisa podía montar su bicicleta cuanto quería, recorriendo todo el pueblo. Se acompañaba de Hortensia, las hermanas Libia, Cristina y Barbarita, y otras, sin vigilante iba de picnic, visitaba a su abuela materna, que no vivía cerca, y ya más adolescente a sus amigas Katia e Hildita, que vivían lejos, en el reparto (ella residía en el centro del pueblo, no en la calle principal pero a no más de 200 m de esta).

Montar en bicicleta era una de las actividades que nos permitían realizar nuestros estrictos padres con bastante libertad, a todas. Lo que ellos no sabían era que en muchos de esos recorridos, subiendo por la calle Martí hasta Máximo Gómez y bajando por Castillo hasta Sergio Antuña (Línea) — casi nunca tomábamos por Narciso López, no sé por qué— lo hacíamos acompañadas del grupo de varones con los que algunas hacíamos pareja.

De estos grupos surgieron dos "pandillas" la de los chicos, "los baby dangers" y la de las chicas, "las baby conquist". Creo que no es necesario explicar qué significaban esos apelativos.

Yo recuerdo, de la época de nuestra temprana adolescencia, que los domingos había matinée en los dos cines que existían en el pueblo, aunque generalmente nos reuníamos en uno de ellos, "El Apolo"; presentaban dos fabulosas películas en tandas corridas, con el noticiero intercalado. A mí no me dejaban ir al cine sin que me acompañara un adulto, teniendo ya doce años, próximos los trece.

Mi mamá se había ganado por oposiciones una plaza de profesora de Español en una institución de segunda enseñanza, pero no pudo conseguirla en la ciudad ni en otra

cercana, y en su última oportunidad tuvo que optar por ir a trabajar al preuniversitario de Santiago de Cuba, fueron muchos los que tuvieron que abandonar sus hogares y trabajar en otras provincias para poder desarrollar sus profesiones. Quedé bajo el cuidado de mi papá y de mi abuela paterna.

A mis amigas del barrio, algunas menores que yo, sí las dejaban ir al cine sin acudir persona mayor de compañía. Un domingo fui a casa de una de ellas, se preparaba para la matinée. Regresé a casa compungida, mi papá me preguntó qué me pasaba y le dije, "Todas van al cine menos yo". Se puso pensativo, abuela Lola lo miró, él dijo: "Dale, arréglate y ve rápido, antes de que se vayan". Me vestí en un santiamén.

Al llegar al cine siempre se hacía una espera pues no se llegaba a punto de comenzar la película. Recorrí el lunetario con la vista, allí entre los asistentes estaba Luisa con sus amiguitas del barrio y...su mamá custodiándolas. Así las vi, domingo tras domingo.

Atribuye la actitud de su mamá a que esta creció en un barrio no muy bueno y tenía la idea, a su parecer, de que el comportamiento debía de ser intachable para evitar habladurías y dudas (muy propias de los pueblos pequeños); no obstante, reconoce que muchas de sus virtudes y la formación de su personalidad se las debe al modo en que sus padres manejaron su educación.

Quizás fue duro pues, a su juicio, la vigilancia y el control funcionaron a expensas del amor y el cariño, ya que fueron parcos en demostrar este tipo de emociones. Concluye después de este análisis: "A pesar de lo estricta que fue mi crianza hoy día agradezco mucho de esa etapa: ser responsable, perseverante, esforzada, culta, justa como mi mamá, ser de las que siempre termina lo que empieza,

educada, a apreciar la familia y ponerla invariablemente primero".

Si, Luisa, allí donde esté tu madre, y aquí en la tierra, donde tu padre disfruta de casi un siglo de vida, ambos pueden sentirse orgullosos de su obra. Ustedes, tú y tu hermana, fueron la arcilla que ellos moldearon y les hacen un gran homenaje al ser como son.

Educación en la escuela primaria

Como dije al inicio, Luisa estudió en un buen colegio, allí la conocí. Ella considera que la enseñanza que recibió en el colegio episcopal "La Trinidad" fue excelente desde todo punto de vista: académico, pedagógico, social, moral y espiritual. En esta escuela primaria, y ella lo recalca, existía un ambiente vanguardista, se utilizaban los métodos de enseñanza más avanzados que existían en el mundo por aquella época.

Era preocupación del rectorado, de la dirección, de los maestros, estar al día en esto, lo que obligaba a que los alumnos se sumaran a la avanzada para poder responder a las exigencias de la instrucción y educación, si no, quedaban al campo. Se destacaban alumnos inteligentes, habilidosos en el mejor significado de la palabra. De buenas familias, no necesariamente de alta posición social, los había hijos de profesionales e intelectuales, comerciantes, de extracción obrera, todos de educadas costumbres, valores morales y principios, estudiosos y aplicados en general. Si esto no se cumplía y un alumno daba una nota falsa alta, fuera quien fuera, hijo de papá o no, la dirección del colegio y el claustro

de profesores llamaban a reunión a los padres del alumno y le pedían cortésmente que lo trasladara de colegio.

Dice textualmente: "Recuerdo el buen trato de todos los maestros, aunque algunos eran muy estrictos y serios, pero nunca abusivos. Pasé la época del Reverendo Moreno y la del Reverendo Carral, dos estilos disciplinarios distintos, pero que rindieron frutos cada cual a su forma. Fui muy feliz en el colegio, me gustaba el ambiente académico, siempre me gustó estudiar y recuerdo haber tenido muy buenas amistades, no llevarme mal con nadie. Hoy día agradezco también que el programa de estudio incluyera la visita al templo, creemos que no, pero todo va dejando huella, en este caso muy importante para sentar las bases de una vida cristiana, con valores y moral cristianos".

El contexto escolar no docente

La matrícula mixta del colegio tenía como fin principal que varones y hembras se relacionaran y que no se vieran unos a otros como el sexo prohibido. Sin embargo, me he cuestionado siempre, y no es una crítica severa a un colegio al que amo como a mi familia, las escasas probabilidades que teníamos de ser amigos.

Los varones tenían su patio para los recreos, las niñas otro. Es cierto que los juegos eran diferentes, las hembras hacíamos rondas, jugábamos al tacón (arroz con pollo en algunas regiones) y al "tieso tieso", entre otros que ya no recuerdo. Las rondas eran fabulosas, principalmente el primer día del curso y el último; todas las alumnas, desde las del kínder hasta las de preparatoria, uníamos las manos y cantábamos infinidad de canciones infantiles. Hasta se

sumaban algunas maestras. Estos coros (recuerdo que le llamábamos así) los hacíamos alrededor de un almendro que se encontraba en el centro del patio de las niñas y cuya copa tenía un diámetro que cubría casi toda el área de juegos, aproximadamente 25.00 m2.

A nadie se le ocurría cantar la última canción de Elvis Presley o de Benny Moré, o bailar rock and roll (entonces de moda). Hoy es usual, en Cuba que las "seños" de los círculos infantiles o las auxiliares de primaria enseñen a los niños las canciones populares de actualidad, además de seleccionar las de peor gusto en cuanto a textos e inmoralidad que trasmiten algunas. En aquel entonces, el colegio y los juegos infantiles no eran el lugar ni el momento apropiado para ese tipo de aprendizaje, sin que por eso se dejara de reconocer, en el instante adecuado, nuestros valores y herencias musicales de todos los tiempos y de los contemporáneos de la época.

Los varones jugaban a tirarse boliches (piñitas) que caían de las coníferas que existían en su zona de juegos, o tacos de papel; a la viola; a las bolas. Juegos bruscos, en general. También intercambiaban postalitas de Superman o cualquier otro héroe de los muñequitos (comics).

Quizás por ello no nos mezclaban en el recreo.

Por otra parte, la Educación Física tenía sus días: lunes, miércoles y viernes, los varones; martes y jueves las niñas. Separados también.

¡Ah! Las jornadas de "Field day". Nos encontrábamos todos en el campo deportivo, pero por supuesto, cada sexo en sus respectivos equipos. Rojos para unos y azules para otros. El deporte que se practicaba era el "kicking ball", de aquí viene mi gusto por el béisbol, pues es un juego muy parecido. Teníamos poco chance de relacionarnos hembras y varones.

Luisa y Felipe

En las aulas, cada maestra tenía su estilo. Nos podían sentar por bloque: hembras a un lado, varones al otro; filas alternas: una de hembras, la siguiente de varones. Y las menos conservadoras alternando la ubicación por pupitres, una hembra, un varón, así sucesivamente. Por supuesto, esta era la que más nos gustaba, podíamos hablar con el de delante o el de atrás en cualquier descuido de la maestra o si estaba copiando en la pizarra, o la llamaban a la dirección por algún asunto docente o administrativo, lo que no era frecuente. Entonces dejaba una cuidadora, invariablemente una niña, en mi aula casi siempre me elegía a mí, ¡que rabia! Por ser hija de la maestra de cuarto grado me exigían ejemplaridad y me sentía estigmatizada e incómoda. Encima de eso, todas las maestras se creían que eran madres mías, por lo que estaba siempre bajo vigilancia y no podía "salirme del tiesto" ni un granito de tierra (frase muy utilizada por las maestras, que indicaba portarse mal aunque fuera mínimo el "delito") ¡ah, pero qué educación! Evoco esta otra expresión: "no se coge lo ajeno, ni tan siquiera un alfiler, eso es robar". Qué falta hace hoy, en Cuba, recalcar esa enseñanza.

La separación por sexo alcanzaba la asistencia al templo, a la derecha, entrando de frente al altar, los varones, a la izquierda, las niñas.

Y hasta en el acto cívico de los viernes. En el cuadro de honor, niñas a la izquierda de la bandera, varones, a la derecha, de frente hacia los que formaban fila; tampoco intercalaban hembras y varones.

Por supuesto, las filas en el patio por aula igual, una de niñas, la otra de niños.

Entonces, ¿de qué forma nos conocíamos?, ¿cómo poder interiorizar que ambos sexos podían ser amigos y que no había delito en ello?, ¿no era ese el propósito de tener un

alumnado de ambos sexos? Creo que debieron haber establecido alguna forma de compartir socialmente, aunque estuviéramos bajo la vigilancia de una maestra. Quizás me adelanto mucho a la época. Sin embargo, hay fotos del kínder donde estábamos en una fiesta de disfraces por parejas, para bailar niñas con niños. A mí me tocó mi primo hermano, ni siquiera con cuatro años me permitieron otro compañerito. De milagro no me formé tímida y temerosa del sexo opuesto. Creo que, al contrario, recuerdo haberme "enamorado" por primera vez alrededor de los dos años

Cursando el segundo grado se hizo un concurso de simpatía, se elegirían una reina y dos damas. Yo conseguí los votos de segunda dama (¿sería por ser hija de una maestra? Siempre me sentía marcada. La primera dama también era hija de maestra, pero no sentía lo mismo que yo. Cada una llevaría un paje de compañero, predeterminado para cada posición, y entonces, increíblemente, me permitieron ir acompañada y tomada de la mano de un varón, que estaba en cuarto grado, por cierto, un niño que a mis amiguitas y a mí nos encantaba, así que entré al aula-teatro orgullosa de mi pareja.

Hubo otro concurso similar, cuando cursaba el cuarto grado y también siendo una de las damas se me permitió la compañía de un varón de quinto grado, en este caso hijo de una maestra del colegio y una de las mejores amigas de mi madre.

También podíamos compartir, hembras y varones, a la hora de la salida, si cursábamos grados en los que, por la edad que debíamos tener, nuestros padres nos permitían regresar solas a casa.

Las maestras vigilaban el orden en el colegio, mas no controlaban de forma estricta la salida, mientras que no

hubiera violencia entre los varones, mal uso del uniforme u otra acción impropia, por ejemplo, noviecitos besándose públicamente o el uso de "malas palabras".

Recuerdo otra enseñanza: "El uniforme hay que llevarlo correctamente, hay que comportarse intachable en la calle, porque cuando ustedes pasan los que los miran dicen: "Ahí va un alumno de 'La Trinidad' y el prestigio del colegio en esos momentos está en cada uno".

Hoy vemos a los adolescentes salir de sus escuelas con las camisas y blusas por fuera, medio desabrochadas, los pantalones o las sayas bien abajo, por la punta de los glúteos, despeinados, y el fuerte vocabulario perennemente en su lenguaje. Ninguno respeta la escuela a la que asiste. No tienen sentido de pertenencia.

Aunque hasta ahora me quejo de las distancias impuestas entre hembras y varones debo aclarar que en el tiempo en que existió Bachillerato en el colegio y más tarde Secundaria Básica, nos comunicábamos durante los recesos. El lugar de encuentro era el jardín del colegio, ya que el horario no coincidía con el de los alumnos de primaria y para no molestarlos nos asignaron este espacio.

Yo tengo dos anécdotas personales con respecto a esta problemática de relaciones entre hembras y varones.

—Luisa no solo a ti se te presentaron verdes y maduras, era una época de muchos prejuicios, más en un pueblo pequeño como el nuestro, y sobre todo si éramos de familias demasiado conocidas. Mi estigma: ser hija de una maestra de renombre, el tuyo ser descendiente de una familia prestigiosa, de cierto abolengo, de apellido ilustre, ¿me equivoco? Todos nos conocían, lo que hacíamos en seguida se lo trasmitían a nuestros padres. ¡Horror! Arrastré marcas casi toda la vida. Ni en el trabajo me libré.

Capítulo 3

Felipe

Conocí a Felipe antes de verlo personalmente, por oírselo mencionar a su padre, gran amigo de mi familia, motivo por el que visitaba frecuentemente mi casa. Hablaba de su hijo con mucho amor y orgullo.

Como me gusta intercalar anécdotas les cuento una que ni Felipe ni Luisa conocen. Las visitas del padre de Felipe a mi casa constituían para mí un aprieto, estoy hablando de mí con menos de 8 años. Cuando yo le abría la puerta o lo sentía llegar deseaba esconderme, pues él me decía: "Te voy a casar con mi hijo". A mí me daba vergüenza. Todos los padres y madres tendemos a hacer eso. No sé con cuántos hijos de mis amigas he querido casar a mis muchachitas. Es algo pintoresco, una costumbre del cubano.

Cuando conocí a Felipe, solo me resultó curioso porque era hijo de aquel señor algo grueso que me atormentaba.

A comienzos del curso escolar, 1959-1960, Felipe fue matriculado en el mismo colegio al que asistíamos Luisa y yo, lo ubicaron, precisamente, en el aula de ella.

Felipe era un niño alto para su edad, de pelo muy negro, ojos verdes transparentes, que recordaban la hierba fresca de la mañana bañada de rocío, tez blanca rosada, algo dorada por el sol, ya que le gustaba mucho desarrollar su vida al aire libre.

Comenzó a esa edad y en ese nivel en el colegio "La Trinidad" porque antes vivía fuera de nuestro pueblo, en una capital provincial, en la que cursó los grados anteriores. Debe haber tenido muy buen nivel de instrucción porque era frecuente que, al llegar un nuevo alumno a un nivel como el cuarto, quinto o sexto, se le hiciera un examen de suficiencia, en el cual tenía que probar que su capacidad y conocimientos estaban acordes con las exigencias de esta institución.

Educación en el hogar

Felipe fue hijo único. Creció entre un padre demasiado fuerte de carácter y una madre consentidora que lo mimaba extremadamente. Tuvo que enfrentar esta contradicción que influye y hasta determina la formación de la personalidad.

Este contraste fue moldeando el carácter de Felipe, que por un lado sentía el intenso amor de su madre y por la otra la autoridad (aunque también mucha franqueza) del padre, lo que fue forjándole un carácter introvertido. Sin embargo, la severidad de su padre no impidió que lo complaciera, comprándole un caballo y perros, que fueron para él como familia, los hermanos que no tuvo. Digamos que en aquel entonces buscó la compañía de los que dicen mucho sin hablar y escuchan frases cortas y quedas, ideales compañeros dados sus rasgos de carácter. Este Felipe, llega a nuestros días, todavía amante de los animales, pero extremadamente locuaz y extrovertido —tremendo cambio— y afable.

Dicen los sicólogos que quien es capaz de amar y cuidar una planta o un animalito, abriga en su corazón amor verdadero, y siempre podrá amar y cuidar a otro ser humano inmensamente, entregándose, aunque sea calladamente.

Capítulo 4

Luisa y Felipe

Se conocieron, compartieron en el aula, se miraron tímidamente, en el estómago sintieron un brinquito, solo fue un breve instante, ellos no sabían lo que les pasaba. Todavía no era el momento. Habrían de pasar cuatro años para que se materializara esa atracción o para que tomaran conciencia de ella, o para que resurgiera la primera impresión.

Luisa y Felipe comenzaron su romance. Una relación de adolescentes, pura y sincera. No pensaban en nada que les fuera adverso. Ni en cómo se presentaría el futuro.

A esa edad no se tiene conciencia de las contingencias de la vida. Se enfrenta la oposición de la familia, nos sentimos seguros de nuestros sentimientos, creemos que ese primer amor "serio" es para toda la vida.

En aquel tiempo, durante la adolescencia, todo era lindo y de colores como las flores y las mariposas. Se veían estrellitas brillando alrededor cuando el objeto de nuestros sentimientos se acercaba... nos tomaba una mano ingenuamente, nos halaba un mechón de pelo, decía estoy enamorado de ti. Cuando en un descuido nos robaba un beso candoroso.

Felipe se acercaba a la casa de Luisa, en su caballo, al paso. El animal, con la inteligencia natural que caracteriza la especie, llegaba hasta el frente de la vivienda y se detenía, Felipe apenas tenía que guiarlo, giraba hasta colocar su

cabeza de frente a la ventana, Luisa lo veía llegar, lo saludaba con una dulce sonrisa y agitaba su manita todavía de niña, que quiere ser mujer.

Desconocían o no pensaban, en un gran obstáculo que se interpondría entre ellos, una contrariedad se les venía encima, que a pesar de sus sentimientos la tendrían que aceptar: la salida definitiva del país de Luisa con sus padres y hermana.

Luisa y Felipe

Capítulo 5

Luisa

Pasado el primer impacto y transcurridas algunas semanas, Luisa miraba a Felipe como a otro más del aula. Él tampoco le daba importancia a su existencia

Ella se enamoró de Jorge, otro condiscípulo, y se hicieron noviecitos. No imagino cómo, dado todo lo que he descrito de las pocas oportunidades que nos daban en el colegio de hablar con los muchachos, y la vigilancia hogareña.

El "noviazgo" era intermitente, se peleaban, se reconciliaban, varias veces sucedió esto. Dos factores incidían en esta inconstancia, una: él era muy indeciso, la otra: tenía "alta demanda en el mercado femenino", asediado en extremo.

Jorge era un chico sumamente atractivo, característica que mantuvo hasta su muerte, puede decirse que prematura. Tenía la piel trigueña, pelo oscuro y ojos...motivo de discusión, unas decíamos que verdes, otras que pardos. El debate llegó a tal extremo que un grupo de niñas entre once y doce años, él tenía once, decidimos abordarlo: lo rodeamos en su bicicleta a la salida del colegio y le preguntamos ¿de qué color son tus ojos?, él, sintiéndose gallo del corral, dijo sonriente: "Miren y comprueben ustedes". Un murmullo salió de nuestros labios, ambos criterios eran ciertos: Jorge tenía un ojo verde-parduzco y el otro pardo-verdoso. Parece lo

mismo, pero no. En uno predominaba francamente el verde y en el otro resaltaba el pardo.

Por aquel entonces, algunos alumnos de sexto grado de La Trinidad y de otros colegios, se reunían para compartir sus horas libres. El caso es que esos buenos chicos, tenían una noviecita en este colegio y otra en el de las monjas "Sagrado Corazón". Ese era el caso de Jorge.

Como nuestro colegio no tenía guagua, (autobús escolar) los muchachos se concentraban a la salida de la institución para esperar a sus respectivas "novias", conversaban un poquito, al rato las niñas nos íbamos y ellos se quedaban esperando el transporte escolar de las monjitas, donde venían las otras.

Una tarde, nosotras (yo andaba con el grupo de sexto grado aunque estaba en primer año de secundaria o séptimo grado, porque mi mejor amiga estaba en sexto) nos retrasamos a la salida, ellos, reunidos como cada tarde en la esquina, de Narciso López y calle Céspedes vieron llegar, simultáneamente, sus "novias" de este centro a la puerta de salida y la guagua del "Sagrado Corazón".

Con ecuanimidad espectacular nos dieron cierto tratamiento y, como mientras tanto veían la guagua alejarse, montaron en sus bicis y le cayeron detrás. El grupo de niñas en la esquina del colegio nos quedamos mirándolos boquiabiertas, entonces vino lo mejor para nosotras las "plantadas", la guagua se detuvo, una de las monjitas se bajó del vehículo, las bicicletas frenaron súbitamente y los niños recibieron una fuerte reprimenda. Desde acá el grupo nuestro contemplaba la escena y rompimos a reírnos de ellos. ¡Qué recuerdos!

Luisa y Felipe

Al terminar el curso 1960-1961, se intervinieron los colegios privados y comenzó la Campaña de Alfabetización, que duró hasta diciembre de ese año 1961.

La escuela secundaria pública se encontraba, en el momento de la matrícula, a finales de ese mismo mes, en la esquina de las calles Martí y Céspedes, en los bajos del Hotel o casa de huéspedes, Ritz,

Al comenzar el curso decidieron abrir nuevos centros pues el existente no daba cabida a la cantidad de alumnos matriculados. Fundaron dos, uno en el viejo cuartel de la guardia civil, a la salida del pueblo, y el otro en el propio Instituto de Segunda Enseñanza.

Separaron a los alumnos por dirección, tomando como límite la calle Libertad. A Luisa le tocó la del cuartel "Salvador Cisneros" y a Jorge la del Instituto.

Yo me perdí esta historia, mis salidas a la matinée del cine los domingos dio paso a que me atreviera a violar las normas de la esmerada crianza de una niña de familia decente. Y, por supuesto, uno de los chicos del grupito bicicletero era mi "novio". Rápidamente, la noticia llegó a mis padres, que aun más rápido tomaron, a su juicio, la más sabia decisión: al comienzo del curso me iría con mi madre para Santiago de Cuba. Un año completo estuve fuera, seis meses en Santiago y seis meses en Camagüey, desde enero de 1962 hasta enero de 1963. Claro, regresé de vacaciones. La separación no pudo con nosotros. En los meses de receso escolar, mi novio y yo, escoltados por mis amigas que hacían guardia para avisar cualquier "moro en la costa", recuperábamos el tiempo perdido, sin mucho avanzar, manitos cogidas, besos ligeros, cariñitos inocentes, nada más. ¿Cuándo se terminó la relación? Cuando mis padres, producto de que mami logró un traslado para la zona, me

retornaron al pueblo, no sin antes advertirme que si aquello continuaba me mandaban fuera de nuevo. A mí me tocaba "Salvador Cisneros", él estaba en el Instituto. El aviso pasó de mi oído izquierdo al derecho y salió, no prendió en mi cerebro. El primer día que asistí al plantel, cuando salí, me estaba esperando Juan, aunque íbamos en grupo, nosotros nos quedamos algo atrás. De pronto, sentí que él apretó mi mano nervioso, levanté la cabeza, frente a nosotros en mi bicicleta estaba papá mirándonos fijamente con una sonrisa de triunfo en los labios: ¡los agarré!

El grupo se movilizó, se acercaron a mí en actitud de apoyo, papá me dijo: "¡Monta en la parrilla!", y me llevó para la casa. Añadió: "Esta misma semana vuelves para Camagüey". Al llegar a la casa entró como bala por tronera. Yo fui a mi cuarto sin decir esta boca es mía, en seguida vino abuela, me preguntó qué pasaba. Le conté. Me pasó la mano por la cabeza, diciéndome: "Tranquila, todo se arregla, yo hablo con él".

De que habló, habló y fuerte supongo. Por la mañana, cuando él se iba para el trabajo y como hacía todos los días, fue a despedirse de mí. Me atreví a preguntar: "¿Voy a la escuela?" Me contestó: "Sí, y de esto que tu mamá ni se entere". Desde entonces me quitaron el pie. La relación se enfrió, él se enamoró de otra chica y todo se acabó en apenas cinco meses después de mi regreso.

Luisa y Felipe

Capítulo 6

Luisa y Felipe

Al igual que a Luisa, a Felipe también le tocó la secundaria del viejo cuartel. Luisa no recuerda muy bien cómo comenzó a fijarse en él. Después de aquel primer encuentro en el quinto grado, borró su interés femenino por el muchacho. Estaba demasiado inmersa en su relación inestable con Jorge, posiblemente la intermitencia le daba más interés a su noviazgo.

Lo cierto es que al estar Jorge fuera de su alcance y Felipe a la vista, comenzó a sentir de nuevo el escozor en el estómago. En su criterio había un punto de atracción como polos opuestos: ella, una alumna ejemplar, mientras que él era un "chico malo", desaplicado para los estudios, de esos que van a la escuela con una libreta en el bolsillo trasero. Era diferente a los que hasta el momento había conocido, ya que pudiera decirse que en La Trinidad, Felipe guardó la forma, no se destacaba como ejemplo ni bueno ni malo.

Los recuerdos de Felipe ayudan a Luisa a reconstruir esta parte de la historia ya que como ella dice "su memoria era verde y se la comieron las vacas".

Felipe cuenta que ella se fijó en él y se lo dijo a Lourdes, una de sus más íntimas amigas (vecina del barrio, a cuya familia y la de Luisa unía una amistad muy fuerte). ¿Sería un ardid de Luisa para que Felipe lo supiera? Algunas muchachas usaban esa especie de trampa ingenua, hacerle la

confesión a una amiga que se encargaba de contárselo al chico con el fin de llamar su atención, eso ahorraba el coqueteo descarado o la confesión directa, muy de moda actualmente. Luisa piensa que no, todavía era muy tierna y candorosa para usar ese artificio calculador

Por medio de Lourdes, Luisa supo que él estaba interesado en ella, quizás como una conquista más, pero su amiga le dio el visto bueno y luz verde al "empate". Él se lanzó. La reacción de ella fue inesperada para él, tanto lo impresionó que lo recuerda todavía, toda su vida ha evocado ese momento: Luisa, que no era más que una niña comenzando la adolescencia se ruborizó. Continúa Felipe sus remembranzas: Nunca más en su vida ha visto una mujer sonrojarse. Solamente a ella. El hecho fue determinante en su relación, lo que para él, hasta ese momento, constituía una simple conquista pasó a ser objeto de amor. Se enamoró y de qué manera.

Comenzaron el noviazgo. Todas las tardes después de terminar las clases caminaban desde la escuela hasta cerca de la casa de ella, a lo largo del muro que delimitaba el terreno del ferrocarril. Luisa recuerda que ella iba medio muerta de pánico de que la agarraran sus padres.

Antes de llegar a la esquina del muro de los FFCC, para comenzar el recorrido en paralelo, tenían que caminar unas cuantas cuadras. Pasando por lugares importantes, casas de personas que seguramente conocían a sus padres. Y nada menos que el trayecto lo efectuaban por la avenida de acceso principal al pueblo, Ave. de Tarafa. Luego de rebasar el límite de los terrenos del ferrocarril, debían continuar por lugares de "alta peligrosidad" en cuanto a privacidad. Se estaban exponiendo a la vista de una buena parte de la población.

Luisa y Felipe

Pasaban por el frente de la consulta del médico Juan Ramos, primo del padre de Luisa, de la tienda "El Gallo de Oro", cuyo dueño era vecino de la familia, del mismo barrio, por la ferretería, también de un vecino de su propia cuadra. Mi amiga, no era para menos tu terror, la distancia es aproximadamente 2.5 Km. El peligro no estaba solamente en que te sorprendieran tus padres, también en que algún "buen amigo o conocido" se los contara dando la voz de alarma a tus progenitores, muy usual en estos casos, si lo sabré yo por experiencia.

Luego de una primera etapa de compartir llenos de felicidad, comenzaron las discrepancias, peleándose y reconciliándose varias veces.

En una de esos períodos de reconciliación Felipe se fracturó una pierna y Luisa fue a su casa a visitarlo, acompañada de su amiga Lourdes.

En esa visita Felipe la besó por primera vez. La sensación del primer beso, que por lo general es muy candoroso, sobre todo si no se tienen ni quince años, es inolvidable. Es una marca indeleble que se lleva en el recuerdo, como el mejor suceso en esos años de pubertad. Así lo conservó Luisa, así también Felipe, aunque no fuera el primero suyo, pero sí el primero que le dio a ella.

Lástima que los padres no fueran más comprensivos o más inteligentes manejando situaciones como esta, comprendiendo que, en aquellos años, una relación de ese tipo, bien orientada y controlada por los adultos no conllevaba ningún peligro, era pura y cándida.

Luisa no les comentó nada a sus padres. Su relación para ella seguía en secreto, pero ya había llegado a los oídos de su mamá y, por supuesto, ella todo lo compartía con el esposo, incluso el hecho de que su hija tenía "novio". Esto lo

sé porque un día su mamá, enterándose, no sé cómo, de que en mi casa conocían al papá de Felipe, llamó a la mía pidiéndole referencias sobre esa familia, sus valores y principios esencialmente, haciendo fuerte hincapié en conocer si eran "comunistas". De nada sirvió que mi progenitora dijera lo mejor de ellos, la madre se calmó pero nunca se conformó.

Y comentando lo buena detective que era su mamá, narra que varias veces se le presentó sorpresivamente donde ella estaba "Una vez estaba yo en una fiesta en casa de Olguita, bailando rock and roll, tenía como doce años, y por allí apareció y se puso muy brava; en otra ocasión cuando me enamoré de Jorge en La Trinidad, también apareció por allí un día y me espiaba por una ventana de aquella aula que estaba en el medio del patio, que era de madera.

El comportamiento de la mamá de Luisa puede achacarse a dos probables motivos, indistintamente, uno, el miedo a que la hija diera un "mal paso" (así se decía cuando una muchacha soltera perdía la virginidad) y el otro la preocupación de que por el enamoramiento la hija se negara a irse del país y surgiera un inconveniente al viaje de todos, o que ellos tuvieran que dejarla detrás. Las leyes revolucionarias eran muy estrictas (convenientemente para el gobierno) en eso, si un menor, estando aún bajo la potestad de sus padres se negaba a irse del país no lo podían sacar. Ahí mismo finalizaba la historia de la salida para la chica o chico, a veces para toda la familia.

Llegaron los quince de Luisa. Felipe y ella estaban en período de distanciamiento pero bailaron toda la noche, escondidos en un rincón de la casa. Recuerdo que el baile fundamentalmente fue en el patio, yo estaba por allá, por el "center field". A esa fiesta me llevaron con otras amiguitas un

matrimonio amigo de mis padres que no tenían hijos y eran relativamente jóvenes: Silvia, nuestra profesora de español, y Ramón.

Emilio, primo de Luisa, cuenta que la madre se enojó mucho y estuvo muy disgustada. Regañó a Luisa, claro, no delante de todos, llamándola a una de las habitaciones. Pero no podía darse un espectáculo con la casa repleta de invitados. No le sirvió de nada, la muchacha salió y fue al encuentro de su enamorado. Las fotos de aquella fiesta dejan entrever la pesadumbre de Luisa, sus quince no fueron del todo agradables para ella ni para sus padres, ni para el propio Felipe que vio sufrir a su amada, a la vez que defendía su felicidad. Fue tan patético que dice nuestra protagonista: "yo hice borrón y cuenta nueva", los recuerdos son de su primo.

Al terminar la secundaria, Luisa pasa al Instituto mientras que Felipe repetía el último año de Secundaria (noveno).

Luisa y Felipe estaban peleados. Ella, se reencontró en el mismo plantel y curso con su antiguo novio, Jorge, y trataron de retomar su relación dejada por más de tres años, pero no resultó.

Poco después de haber ingresado en el Instituto, y siendo una alumna ejemplar docente y disciplinadamente, Luisa fue expulsada del centro, obra del director y de una integrante de la Unión de Jóvenes Comunistas, UJC. En aquella época, y hasta hace poco si es que todavía no es así, era más importante ser revolucionario probado (ser hijo de p...era tener un pase abierto) que ser buen estudiante aunque la persona no manifestara ninguna aversión al gobierno. Pero Luisa estaba marcada. Se iba del país, y por otro lado, era una chica de carácter fuerte y no se callaba cuando algo le disgustaba o estaba en desacuerdo.

Luisa y Felipe

Se reunió al alumnado en el anfiteatro del patio central del Instituto y se nos comunicó la expulsión de Luisa. Fue una información, no se admitieron opiniones al respecto, fue así y ya.

Luisa se desconectó de casi todos los jóvenes contemporáneos. Un año después abandonó el país con su familia.

Salieron el tres de enero de 1966. En esos momentos, con Felipe desaparecido debido a que había optado por una beca en La Habana, Luisa no pensaba mucho en él. La incomunicación entre ellos era absoluta.

Él se enteró de su partida poco tiempo después, pero por otras personas. Desde el día de la fiesta de los quince nunca más intercambiaron palabras. Entonces, la relación amorosa entre ellos pareció muerta e irrecuperable.

Transcurrieron más de cuarenta años, sin que ninguno volviera a tener noticias del otro.

Sin embargo, varias veces en estos años Luisa evocó a Felipe y la relación entre ambos, a Jorge también, por qué negarlo, fueron sus amores de niña adolescente, esa etapa no se olvida.

Capítulo 7

Felipe

Mientras tanto Felipe, ya antes hice referencia a este hecho, huyendo del Servicio Militar Obligatorio, solicitó una beca en Tarará. Partió hacia la misma y en mucho tiempo no volvió a Morón.

Cuando Luisa fue expulsada del pre universitario y un año después salió de Cuba, Felipe no se encontraba en la ciudad.

Al terminar el nivel secundario en Tarará, Felipe solicita exámenes de aptitud para ingresar en la Escuela Nacional de Arte (ENA), entonces de reciente creación. Opta por el curso de actuación, que tenía una duración de cuatro años.

Las Escuelas de Arte en La Habana, construidas en el terreno del antiguo campo de golf del selecto barrio del Country Club, es una obra emblemática, uno de los tantos sueños en que se enredó el gobierno sin estimar presupuestos y posibilidades de ejecución. La obra fue encargada a los arquitectos Ricardo Porro, como responsable del equipo y a los italianos, residentes en Cuba, Vittorio Garatti y Roberto Gotardi.

Constituyen un conjunto bellísimo por la diversidad de formas, materiales empleados, áreas exteriores y otros elementos. Cada objeto de obra destinado para la enseñanza de una manifestación artística determinada, es una joya de

las Artes plásticas: de la Arquitectura. Cada proyectista desarrolló su espíritu creativo sin límites, a la vez que lograban unidad en el conjunto.

El presupuesto se acabó, la obra quedó sin concluir, algunas partes listas para ser utilizadas. Pero, no sé por qué situación, también pasaron a la categoría de subversivas (podían causar trastorno y desviaciones ideológicas en los alumnos). En 1966, cuando ingresé en la Escuela de Arquitectura (hoy Facultad), de la Universidad de La Habana, prácticamente estaba prohibido hablar de esta obra, a pesar de que el Arq. Gottardi continuaba como profesor de diseño.

En este rico entorno se formó Felipe como actor.

Una funcionaria del Ministerio de Cultura, quien dirigía la escuela, comenzó a mostrar cierta preferencia por Felipe. Era una mujer en la madurez de los treinta y algo, físicamente muy atractiva, trigueña, pelo negro copioso, largo, que le caía más abajo de los hombros, en rizos que a veces recogía en una cola de caballo, de muy buena figura, piernas torneadas, anchas caderas. En resumen, impresionante, sobre todo para un chiquillo de diecinueve años.

Felipe se enamoró, ella le correspondió y se casaron. Terminados los estudios, comenzó a trabajar en el Instituto Cubano de Radio y Televisión y en obras de teatro.

Los estudios de la TV están ubicados en parte en el antiguo edificio Radiocentro, otros en el edificio Focsa, en P y 23, en San Miguel y Mazón, por lo que el barrio del Vedado, y principalmente la zona de la Rampa, era paso obligado de Felipe siendo en los años ´60 lugar de encuentro de fuertes manifestaciones culturales, además de que todavía conservaba parte del esplendor heredado del capitalismo. El Vedado con su trama reticular perfecta de 100 X 100 m cada

manzana, es referencia internacional aun hoy, en plena decadencia constructiva y ambiental.

Aquí Felipe siguió nutriéndose de lo mejor del arte, aparte del programa de asignaturas que comprendía su formación como actor.

Ya graduado lo vimos actuando en el espacio Aventuras (nunca un protagónico) La lucha era de titanes, las "vacas sagradas" no les daban oportunidad a los que entraban nuevos. Podían verse actrices de cuarenta años haciendo de "damitas" y actores pasaditos de edad actuando de galanes. Los jóvenes, mientras tanto, en oscuros papeles secundarios.

Ni la posible influencia de su esposa salvó a Felipe de esta práctica que negaba la renovación.

Se cansó. Abandonó la cuarta pared y se encontró a sí mismo, al Felipe niño y adolescente. Renunció a su trabajo de actor y buscó su otra vocación: los animales. Matricula Ingeniería Pecuaria en la universidad, graduándose en esta especialidad. Se dedica a esa profesión, donde se sintió realizado en lo que hasta el día de hoy forma parte de su vida: la atención y el cariño a los animales. Sabia decisión. No son muchos los que, después de haber conquistado un título profesional, renuncian al mismo por no sentirse a plenitud, y toman el camino por donde mejor pueden darse y que más felices los hace.

Regresó temporalmente a su ciudad y ahí ejerció su nueva carrera.

La última vez que vi a Felipe en Cuba fue en L y 23, en la esquina del Habana Libre (Hilton), de su brazo iba la esposa. Conversamos un rato. Él me dijo que había estudiado Ingeniería Pecuaria. Ella no intervino en la conversación. Yo

no le dije, por discreción, que la conocía de cuando yo tenía catorce años.

Años después se divorciaron y Felipe conoció a la que sería su segunda esposa y madre de su hijo. Se fue a vivir al Escambray y más tarde a Artemisa. En ambos lugares estuvo a cargo de grandes criaderos, entre ellos de la Recría Nacional de Caballos. En el 2007 salió de Cuba hacia Miami.

Durante estos años, muchas veces Felipe recordó a Luisa con agrado. Tampoco él tenía noticias, ya que una vez desvinculado totalmente del pueblo y de sus antiguos amigos y conocidos no tenía cómo recibir noticias de ella.

Capítulo 8

Luisa

Luisa sale con su familia, padres y hermana, hacía España donde vivieron por espacio de seis meses. A este país arribaron con "pie derecho" ya que unas amistades les proporcionaron, en calidad de préstamo, un apartamento muy cómodo, con muebles de lujos y equipado acorde con la época. Este edificio estaba localizado en el barrio de Argüelles, el cual se fundó en el período del Ensanche, y sus habitantes pertenecen al Madrid de clase media. Argüelles es un barrio madrileño que se encuentra en el distrito de Moncloa-Aravaca. El nombre se lo debe al político español del siglo XIX, Agustín Argüelles.

En cuanto al edificio en que se encontraba su vivienda, poseía óptimas condiciones al igual que el apartamento, entre ellas un ascensor para el uso del servicio doméstico. Los padres de Luisa optaron por utilizar el mismo a pesar de que les insistían en que no tenían por qué hacerlo, preferían este acto humilde antes que sentirse vanidosos, ya que lo que estaban disfrutando no era de ellos, no lo habían adquirido con el sudor de su trabajo.

Luisa compara esta oportunidad con la de otros cubanos amigos que llegaron y no teniendo una mano que les diera ayuda, tuvieron que vivir en pensiones humildísimas, en las que la higiene brillaba por su ausencia.

Sus padres, nos cuenta, habían podido sacar de Cuba de forma clandestina un pequeño capital. Esta precaución los preparó para iniciar su vida fuera de Cuba, y las circunstancias que apoyaron estas medidas permitieron que ellos no tuvieran que trabajar en España, algo muy difícil en aquellos tiempos en ese país que se desenvolvía en condiciones injustas y muy rigurosas.

El barrio de Argüelles se enmarca entre el parque Debod y la calle Princesa, desarrollándose en una franja estrecha que llega hasta la Plaza España y el Parque Oeste, este es el lugar donde comenzaron su nueva vida, como exiliados, Luisa y su familia.

El barrio contaba en aquel entonces con numerosas edificaciones emblemáticas de gran valor arquitectónico, artístico e histórico entre ellos el conjunto formado por la Plaza de España y su entorno

Caminando por esta trama reticulada comenzaron a conocer la ciudad que los acogía.

Sin tener que salir del barrio de Argüelles contemplaron palacios, como el de la Infanta Isabel de Borbón, construido en 1902, y el antiguo palacio del Marqués de Cerralbo, coleccionista y arqueólogo, convertido en museo que lleva el nombre de su antiguo dueño, que lo donó a la ciudad para que después de su muerte cumpliera esta función. Se maravillaron ante la arquitectura de asilos y conventos, entre estos el Asilo del Buen Suceso, construido entre 1893 y 1895. En la calle Farraz se encuentra la Casa Gallardo, que pertenece a la última etapa del modernismo madrileño, y a la que el Ayuntamiento de Madrid le otorgó el premio a la casa mejor construida, allá por el año 1915.

La lista es interminable, en este barrio vivieron por espacio de seis meses. Un entorno urbanístico y arquitectónico colmado de valores culturales.

La vida transcurría de forma casi austera, desayunaban, almorzaban y hacían una cena frugal, para ahorrar. Los recorridos dentro de la zona los alternaron con visitas a otros lugares de interés de la ciudad.

De manera económica aprovecharon su estancia en Madrid para conocer cada uno de sus rincones. Como se trasladaban en transporte público eran objeto de las miradas indiscretas y hasta burlonas de los pasajeros, ya que iban vestidos anacrónicamente, con la ropa que llevaron de Cuba y que estaba pasada de moda. Para las niñas era un suplicio, los padres lo soportaban con mayor entereza, pero era bien difícil ser el foco de atención de todos.

Sin embargo, estos recorridos, a pesar de las burlas que algunos hacían debido a su forma de vestir, eran compensados por las vivencias de cada día, en que sus padres, conocedores de la importancia de aprovechar el tiempo en algo útil planificaron este de forma instructiva para las niñas y hasta para ellos.

Visitaron los principales lugares de interés de la urbe: la Puerta del Sol, la Puerta de Alcalá, el Museo del Prado: este les llevó más tiempo, del cual gracias a Dios disponían. Poder contemplar y admirar de cerca las obras de grandes pintores como Velázquez, Goya, Rubens, Greco, El Bosco, Rafael, Rembrandt, Poussin, Murillo, Ribera, Van Dyck, Jordaens, Durero... de diferentes épocas y estilos se presentaba como una oportunidad única para aquel que estuviera de paso.

Esto es una muestra de cómo aprovecharon su permanencia en Madrid Luisa y familia, las hijas guiadas por sus padres. El bagaje cultural que adquirieron en esa etapa

nunca lo han olvidado y ha sido de mucho provecho en la vida.

De otro lado, la unión familiar que existía desde Cuba se vivificó aún más; sus padres, con anticipación, las prepararon para lo que habrían de enfrentar, les enseñaron a mantenerse siempre juntos haciendo más sólido el sentido de la familia.

Actualmente, Luisa y su hermana se encargan con amor singular de su padre que tiene casi un siglo de edad, en correspondencia con lo que antes recibieron. En ellas prendió el deber de los padres por los hijos, el sacrificio para proporcionarles un futuro a costa, si es preciso, de su comodidad, los hijos siempre primero, a la vez enseñándoles que este espíritu de abnegación y deber es una herencia, la cual ellas deberían practicar con sus propios retoños inculcándoles estos principios, perpetuándolos.

Luego de seis meses en España se trasladan a Puerto Rico pues habían obtenido permiso de residentes en los EE.UU. algo fácil de otorgar entonces sobre todo a personas con títulos universitarios pues el país necesitaba profesionales y los aceptaba otorgándoles todos los derechos. Los padres de Luisa calificaron para esta elección.

Se establecieron en Puerto Rico ya que un tío, hermano de su mamá, vivía en la isla con su familia y el amigo que les había prestado el apartamento en Madrid también, siendo el dueño del negocio donde trabajó su tío en La Habana y en esos momentos en Puerto rico. Este señor les dio trabajo a sus padres, al papá de vendedor y a la mamá de contadora.

Pudieron independizarse, junto con el tío, al cabo de tres años.

La hermana de Luisa, como era más pequeña, fue matriculada en un colegio católico con gran sacrificio, pero era necesario dado que llevaba bajo nivel de instrucción por su edad y había que consolidar sus conocimientos especialmente en Moral y Cívica y en Religión.

Luisa matriculó en la escuela pública, obligada a comenzar la escuela superior (segunda enseñanza superior) ya que había sido expulsada del Instituto cuando cursaba el décimo grado y llevaba dos años de retraso. Con su aplicación e inteligencia logró en dos años vencer este nivel de enseñanza. Respecto a esto dice Luisa que lo logró "sin mucho esfuerzo, debido a que la base académica que había recibido en Cuba era excelente".

Ella opina que la inteligencia de sus padres en esta travesía fue determinante para que su estado de exiliados no los hiciera paralizarse. Desde un principio tuvieron claras las ideas de qué hacer. En su consideración, esta forma de actuar les sirvió mucho a ella y a su hermana, en que no se vieron limitadas en su desarrollo intelectual ni en los logros que han obtenido a lo largo de la vida en este aspecto y en general.

En capítulo anterior hablamos de la formación de Luisa desde niña, tanto en el colegio como en el hogar: el amor a la lectura, a la música clásica, la responsabilidad ante las tareas. De ahí que ella declare lo mucho que les debe a sus padres intelectualmente.

Mientras ella y su hermana estudiaban, sus padres se dedicaron a trabajar y a tener éxito empresarial en un negocio de repuestos para vehículos de motores, al que se dedicaron desde que emprendieron su vida laboral en el exilio y durante más de veinte años. Esto les facilitó, tanto a ella como a su hermana, que pudieran estudiar a tiempo

completo, sin tener que alternar con el trabajo, y ellos pudieron jubilarse dignamente.

Luisa estudió en la Universidad de Puerto Rico con matrícula de honor, escogió la carrera en Estudios Hispánicos y nunca tuvo que pagar un centavo debido al expediente sobresaliente que mantuvo siempre y que le otorgaba ese privilegio.

En la escuela superior se había enfrentado culturalmente con una triste realidad: irrespeto a los maestros, falta de interés en los estudios, uso de drogas. Aspectos todos desconocidos para ella. Sin embargo, la llegada a la universidad, y cito sus palabras: "Fue de infarto".

Era la época de la guerra de Viet Nam y de los hippies. La facultad de Humanidades, donde ella estudiaba, era una fuente de diversidad ideológica, de opiniones y de actitudes. Los hippies, con sus ideas supuestamente "de avanzada", tendían a comulgar con el socialismo. Ella, imbuida como estaba del más ortodoxo anticomunismo, no podía simpatizar con estos grupos que pululaban en el alto centro de estudios.

En cuanto a lo anterior, ¿qué ocurría en Cuba?, ¿cuál era la posición oficial del gobierno? Mientras que en EE.UU. los hippies, con su posición contestaría a la sociedad en que vivían —demostrándolo con su actitud de oposición ante la guerra de Viet Nam, al modo de vida imperante (american way of life) a las normas morales y cívicas, con sus excentricidades en el vestir, en sus hábitos, la proclamación del amor libre—, no eran precisamente asimilados por la sociedad estadounidense, tampoco en Cuba se les veía como un ejemplo a seguir. El gobierno cubano los consideraba un "engendro del capitalismo" y, por lo tanto, una mala influencia para la juventud cubana por ser un movimiento de protesta. Así, los jóvenes que en el país querían imitar a este

grupo eran estigmatizados, expulsados o no admitidos en las universidades, y muchos de ellos llevados, junto con religiosos y homosexuales, a la UMAP, Unidades de Ayuda a la Producción, en realidad campos de concentración enmascarados bajo ese nombre. Por llevar melena o pantalones estrechos, en fin, por ser diferentes se les tildaba de antisociales. A la vez que The Beatles se declaraba contra la guerra de Viet Nam eran prohibidos en Cuba por cantar en inglés. Paradojas del socialismo, miedo a la diversidad, pánico a que prendiera en la juventud cubana el espíritu de rebeldía.

Paralela a esta situación, la institución universitaria donde nuestra protagonista estudiaba estaba en su época de oro. Luisa tuvo los mejores profesores que una universidad puede tener. El programa de asignaturas constituido por literatura, filosofía, idiomas, historia y otras, influyeron en su personalidad convirtiéndola en una mujer comprensiva, tolerante, objetiva, lo que le ha servido en la vida para no adoptar actitudes extremas ni reaccionarias.

Agradece a sus padres haberse establecido en Puerto Rico, donde pudieron encontrar mejores posibilidades para desarrollarse profesionalmente, sin tener que trabajar en fábricas, como les sucedió a otros emigrantes cubanos.

Como toda persona normal, no solamente estudió sino que se formó cívicamente. Los amores adolescentes, dejados en Cuba, habían quedado atrás, (supuestamente, según la lógica).

Contrajo matrimonio en Puerto Rico con un colombiano de Medellín y de esta unión nació su hijo Daniel. Este fue su primer matrimonio. En segundas nupcias se casó con un argentino en Miami, con el cual tuvo a su hija Desireé. Con esta familia se mudó para Argentina, ya que la empresa para la que trabajaba le dio el traslado. Pero ante una

situación de violencia doméstica, tomó a sus hijos y escapó, regresando a Miami.

El tiempo que transcurre posteriormente se dedica a trabajar y a la educación de sus hijos, logrando una formación de primera en ambos.

Después de diecisiete años volvió a casarse pero se divorció al año, luego de descubrir en la convivencia, que su esposo, vasco, no era quien pretendía ser.

Factores que influyeron en su personalidad:

La breve permanencia en España, país que conocía por sus abuelos antes de vivir transitoriamente en él, las vivencias allí durante los seis meses de estancia, los treinta años de vida en Puerto rico, su paso por Argentina... de todos estos pueblos ha aprendido hábitos, lenguaje, comidas, historia, conocimientos en general, ampliando su sabiduría y su acervo cultural, de lo que se siente orgullosa, sin vanidad ni ostentación.

Haciendo una semblanza de ella podemos decir que es una mujer culta, llana, sincera, honesta, buena amiga, madre, hija, hermana y esposa. Intachable, con sus virtudes y con defectos como todo ser humano, ya que no es de origen divino. Es una amiga en la que se puede confiar abiertamente, sin temor, tiene una gran virtud además de las que ya he nombrado, no prejuzga a nadie, solo su apreciación personal directa la lleva a tomar juicio sobre una persona.

De todos estos pueblos que ha conocido y en los que ha vivido disfruta viajar a las Islas Canarias, en las que se siente como en su propia casa.

Luisa continúa activa en su profesión, es correctora de estilo y hace traducciones. Disfruta su trabajo, su familia y sus amistades.

Capítulo 9

Decadencia de una nación
Otros estragos de la bomba

Mientras Luisa y Felipe construyen sus vidas por separados, ella en el exilio y él en la Patria, qué ocurre en Cuba.

Ahora viene el después, que coincide con el tiempo en que Luisa y Felipe estuvieron separados, en el que cada uno hizo su vida, sin pensar en un reencuentro futuro.

Toda historia se enmarca en un contexto físico, social-político-económico, ya sea real o ficticio. En el caso de este testimonio es imprescindible hacer mención de algunos aspectos que caracterizan el sistema de gobierno imperante en Cuba, y que de una forma u otra nos ha marcado a todos.

Quizás sirva de explicación, no de justificación, a por qué muchos de los que emigran en la actualidad se caracterizan por su mala educación, su vagancia, etc.

Mientras Luisa y su familia salían del país, al igual que lo hacían miles de familias, tenía lugar el deterioro de la educación, de los principios y valores morales. Mucha política; lo demás no era importante. Cacareaban sobre la educación formal, pero se quedaba en consignas y en teoría.

Cuando hace algo más de un año supe que iban a incluir en el programa de estudios la Moral y Cívica, pregunté ¿y quién la va a impartir? ¿Están los maestros emergentes y otros que no lo son preparados para ofrecer estas clases? ¿Quién se las enseñará a ellos, y a los padres de los alumnos, a algunos vecinos del barrio, a los empleados del comercio y

servicios en general, a los funcionarios públicos, y a muchos dirigentes? ¿Quién puede dar clases de algo que no conoce?

Antes pasó con la Historia de Cuba. No sé cómo se encuentra en estos momentos la asignatura. Gracias a Dios, en mi casa tuve quien les enseñara a mis hijas, y bien, y les hablara de las figuras relevantes que formaron nuestra nacionalidad.

Pasó con ¡José Martí! La semana de receso escolar que correspondía en enero coincidía precisamente con el 28 del mes, natalicio de nuestro Apóstol, por lo que la fecha pasaba sin penas y sin glorias. Un día cualquiera, "alguien" se dio cuenta de tamaño disparate y se cambió la semana vacacional para la que sucedía a la fecha. Pero debieron pasar años para que se interiorizara la "metía de pata". Una más entre millones.

Y hablando de los grandes educadores que existen en nuestra Historia Nacional: ¿por qué al primer destacamento que formó el gobierno con adolescentes que se prepararían como maestros hubo que ponerle el nombre de "Makarenko"? Ese grupo fue Makarenko 1, luego se formaría el Makarenko 2. ¿Qué pasó con esas figuras históricas nuestras a las que me referí antes? El Padre Félix Varela, José de la Luz y Caballero, José Agustín Caballero, Rafael María de Mendive (maestro de nuestro Apóstol) y el propio José Martí. ¿No es suficiente su grandeza como para adjudicarle el nombre de alguno de ellos a esos destacamentos? Hablaban de "penetración ideológica", y... ¿cómo se le puede llamar al hecho de ignorar nuestras destacadas figuras de la educación, formadores de generaciones de cubanos que lucharon por la independencia de la Patria para sustituirlas por figuras foráneas? Penetración ideológica. Era lo que convenía en esos momentos en que la Unión Soviética se iba a hacer cargo de mantener al hijo bobo, con tal de extender el comunismo hacia occidente.

Luisa y Felipe

¿Conocen los jóvenes maestros y sus alumnos algunas de las figuras que nombré?

Me gustaría hacer un sondeo. No me asombraría de que el resultado fuera el predominio del desconocimiento.

Quizá sea útil ir un poco más atrás. Desde los primeros meses del triunfo, ¡cómo cambiaron las costumbres y normas de educación! Decir buenos días, buenas tardes, buenas noches, gracias, por favor, disculpe, señor, señora, señorita, ¡era de bitongos, de burgueses, de gusanos, de apátridas! Se negó el necesario uso del saludo y la despedida, se impuso "compañero/a" para dirigirse a alguien, generalizándose su uso entre los empleados de tiendas, de servicios, en la calle. Las maestras dejaron de ser señorita o señora, se les comenzó a llamar maestra, a los profesores "profe", a las enfermeras "seño" en lugar de señorita. A los directores de escuelas se les llama por su cargo. Los becados comenzaron a llamar "tía" a las cocineras o empleadas de los albergues, o "abuela" si eran muy mayores. De aquí se extendió a la calle, a los "tembas", mujeres u hombres entre cuarenta y cincuenta y cinco años, A los hombres "puro"; entre los jóvenes, asere, brother, yunta, ¡consorte!

Y los nombres propios inventados: los de las Y, otros que suenan a medicamentos, y hasta en Guantánamo le pusieron a una criatura Usarmy (al ver pasar los aviones de la armada americana hacia la base, tomaron USA Army y de ahí el nombre de la niña o niño). Por suerte, se han puesto de moda actualmente nombres normales, no inventados, Claudia, Daniela, Gabriela, Carla, Ana, María.

Ahora se quejan (el gobierno y una parte de la población que no ha olvidado sus raíces educativas, sin resultados) de los problemas sociales que existen, del mal comportamiento de muchos jóvenes, y yo agrego, y de otros

no tan jóvenes y pasaditos de edad, de la falta de valores, de la ignorancia sobre aspectos importantes de nuestra historia, del vocabulario grosero y sin pudor que hiere los oídos de los que van de paso, de la corrupción, de la agresividad que hay en las calles, en las familias, y en cada individuo que manifiesta palabras y actitudes ofensivas como un acto de escape de su impotencia ante una realidad y un entorno que lo violenta. Pregunto: ¿quiénes fomentaron todos esos males? ¿El bloqueo? (embargo) ¿Son también culpa del capitalismo? ¿De la desaparición del bloque socialista? ¿De la crisis económica mundial, del cambio climático? (Cualquier entidad o evento es adecuado para echarle la culpa). ¿A quiénes engañan? Creo que a sí mismos. "No hay peor ciego que el que no quiere ver". ¡Por favor, es de mediocres señalar culpables de lo que uno mismo es responsable! Y apelo a una cita bíblica: (Mt 7:3 y 5) 3 – "¿Por qué te pones a mirar la astilla que tiene tu hermano en el ojo y no te fijas en el tronco que tú tienes en el tuyo? 5 - ¡Hipócrita!, saca primero el tronco de tu propio ojo y así podrás ver bien para sacar la astilla que tiene tu hermano en el suyo".

Aquel gobierno (cubano) se ha pasado cincuenta y cinco años criticando la injerencia de otros gobiernos en los asuntos internos de diversos países, ¿es qué acaso esa Revolución, que lo ha transformado, lo ha trastocado, lo ha deformado todo, no es injerencista? ¿No ha intervenido en otros pueblos militarmente y en las decisiones de otros países? (Ver cita Mt: 7-3 y 5, en párrafo anterior).

A cincuenta y más años de la toma del poder por los hermanos Castro y sus acompañantes, dice el actual presidente del gobierno: "La Revolución ha de hacerse sin prisas pero sin pausas...". Le pregunté a un militante del Partido, haciéndome la tonta, que significaba esa idea. Me contestó que se han cometido

muchos errores, pero que no se pueden seguir cometiendo, de ahí que se deba actuar con calma. ¡Sietemesinos! No se dan cuenta de que no van a la esencia del problema, que es el sistema socialista, totalmente inoperante: ¡ese es el error! Además, sumándole los aportes de Castro.

No sigan "botando el sofá". No entretengan más a alguna gente con su demagogia, dense por vencidos porque lo están, aunque sientan que "tienen la sartén por el mango".

¡Empezar de nuevo después de cincuenta y cinco años! Tamaña falta de respeto, otra más entre tantísimas. No es de extrañar, pero no puedo evitar enca..., perdón, incomodarme.

En Cuba, es triste ver los jóvenes sentados en las aceras —a veces tomando ron, otras veces no porque no tienen dinero ni para alcohol de bodega—, simplemente hablando temas banales, sin interés por buscar trabajo porque los salarios son tan bajos que nada resuelven. No tienen motivación.

Algunos, los más pícaros, están en "la lucha", haciendo negocios ilegales a riesgo de caer presos, o sobornando a la policía. Sin embargo, si no fuera por ellos, la mayor parte de la población no subsistiría porque, en ocasiones, ni la entrada de divisas alcanza para satisfacer las necesidades. Los "bisneros" venden a precios más bajos que los oficiales.

Desgraciadamente, deciden emigrar, y llegan a cualquier país pensando que la "lucha" es igual de fácil, sin el menor sentido de sacrificio ni el entrenamiento necesario, mental y físico, para trabajar donde se presente la oportunidad.

El gobierno ha "formado" una juventud deformada, ha deformado a adultos. Es muy difícil enderezar esos árboles torcidos.

Gracias a Dios, tenemos excepciones dignas de destacar.

Capítulo 10

El desarraigo

En cuanto a este aspecto, ¿solo la salida del país de miles de cubanos constituyó el desarraigo? No.

Hubo desarraigo dentro, en los que quedamos en el país. O si no ¿que fue la Campaña de Alfabetización, cuando niños de doce a dieciséis años dejaron el lugar donde vivían —sus hogares—, se apartaron de la familia, para vivir con extraños? Tuvieron que adaptarse a otras costumbres, teniendo edades importantísimas para su formación. En parte, y por suerte, nuestros campesinos, "el guajiro cubano" (y no lo digo peyorativamente), siempre tuvo fama de educado. Pero, ¿coincidían sus hábitos educativos con los del hogar de cada niño-maestro? Es cierto que entre ellos no se oían palabras fuertes, groseras. No fui alfabetizadora Conrado Benítez pero he investigado cómo se desarrolló la vida de los niños-maestros: según fuese el ambiente de la familia y del sitio donde les tocó realizar su labor.

La revolución, a la cual no me gusta darle ese nombre porque creo que se ha des revolucionado a sí misma desde el inicio, solo le da realce a lo hermoso de la campaña: enseñar a leer a miles de analfabetos. Es bueno aclarar que el índice de analfabetismo en Cuba estaba entre los más bajos de América Latina. Cito: "En 1956 la ONU reconoce a Cuba como el SEGUNDO país de Iberoamérica con los más bajos índices de ANALFABETISMO (solo el 23.6 %). Haití tenía el 90 %, España, el

Salvador, Bolivia, Venezuela, Brasil, Perú, Guatemala y República Dominicana el 50 %".

La Revolución no piensa ni hace el balance: ventajas y desventajas. No tuvo en cuenta el perjuicio de alejar a los adolescentes de sus hogares.

No se percató nunca de aquellos para los que alfabetizarse constituía una tortura, como mi alumna Justina, vecina de la otra cuadra de mi casa (ya aclaré que no fui brigadista, fui alfabetizadora urbana). Seguí a la vera de mis padres, continuando con la disciplina hogareña. Justina sufría cada clase, muchas las declinaba, otras las recibía a la mitad. Yo pensaba: jamás hará la carta —prueba de que estaba alfabetizada—, al mandamás. Pero la hizo, a duras penas. Y al finalizarla suspiró fuerte, como diciendo "menos mal que se me acabó el tormento". ¡Pobre Justina, cuántas veces escribiría o leería después de eso! Seguro que nunca más. Opino que esta tarea se pudo hacer de otra forma, sin tener que movilizar tantos jóvenes adolescentes. Pero el objetivo estaba claro, comenzar la separación de los muchachos de su familia, dentro del país.

Las becas desarraigaron todavía más a los adolescentes. Los de buena formación educacional (lo que bien se aprende no se olvida) quizás no se afectaron tanto pero ya no fue igual. Se les escaparon de las manos a los padres. Oficialmente, no se les quitó la patria potestad a los padres, pero sí la perdieron de forma tácita con la incorporación a las becas y la lejanía del hogar, de la familia. También se crearon becas para niños que cursaban la enseñanza primaria y de círculos infantiles.

La presión que las organizaciones como la Unión de Jóvenes Comunistas (UJC) ejercían sobre los no militantes era fuerte. En la década de los '70 surgen las escuelas de becados en el campo, obligatorio para cursar el preuniversitario y

otras especialidades, después, muchas secundarias básicas también tenían esta modalidad, aunque conservaron las urbanas en cierta medida.

Yo no quería que mi hija mayor se becara, pero para estudiar en el pre especial urbano tenía que presentar un certificado médico que hiciera constar que la niña tenía una grave enfermedad o que yo me estaba muriendo. ¡Horrendo!

Cualquier simpatizante de la Revolución, de algunos que todavía quedan podrá ripostarme: "A nadie se le obligó a becarse, era totalmente voluntario". Y yo le contestaría: "Pero el que no lo hacía se jugaba el futuro académico y, por lo tanto, laboral". Cero universidad, más el acoso continuo de algunos condiscípulos y otros dirigentes.

A continuación, yo lo emplazaría: "Dígame, ¿por qué hace cuestión de cinco años, más o menos, comenzaron a restablecerse los preuniversitarios en la ciudad y se han ido eliminando las becas?" Tengo entendido que el motivo oficial ha sido haberse percatado de que la educación y la formación moral de los adolescentes estaban en decadencia, producto del desprecio que se hacía a la insustituible educación del hogar, imprescindible para los jóvenes y adolescentes, y de que de esta insuficiencia se derivan muchos problemas sociales existentes. Se percataron de que la educación en el hogar es irremplazable para los niños y jóvenes. Ojalá no sea demasiado tarde, aunque creo que sí lo es.

Aunque pienso que el motivo verdadero no es el expuesto anteriormente, la realidad es que el gobierno no tiene recursos para enfrentar los gastos que genera un alumno becado, a pesar de que la comida sea pésima y el avituallamiento personal lo suministren los padres. Segura estoy de que, para ellos, dar su brazo a torcer en cuanto a la mala influencia de las becas en los adolescentes es una gran contrariedad.

Luisa y Felipe

Digo lo siguiente en forma de "chiste pesao". Hay un refrán que afirma que "rectificar es de sabios". Si eso se cumpliera fielmente tendríamos que reconocer que la revolución de Castro es sapientísima, lleva cincuenta y cuatro años rectificando errores porque sigue cometiéndolos continuamente. Si algún acierto ha habido se ha diluido en las equivocaciones que sigue cometiendo, dándole vuelta a la noria... "donde dije digo quise decir diego"... afloja un poquito para que la olla no explote... vuelve a apretar. La dialéctica de Hegel aplicada al materialismo de Feuerbach, la gran obra de Marx para crear el comunismo científico que ha demostrado por experiencia ser impracticable

¿No han sido desarraigo las misiones internacionalistas? ¿Cuántos madres y padres han estado separados de sus hijos y ni siquiera han podido escuchar el momento en el que han leído su primera palabra o, siendo bebitos, en el que la han dicho? Se han perdido el desarrollo de sus hijos, han tenido que confiárselos a los abuelos, a una tía, etc. Ese tiempo es irrecuperable. ¿Cuántos matrimonios han terminado por causa de la separación? Conscientemente sabemos que la distancia puede hacer el olvido, pensar lo contrario es un romanticismo ausente de objetividad, aunque toda regla tiene su excepción, como lo es la historia central de esta novela testimonio.

Me contó un amigo que estuvo durante tres años en Venezuela, que todos eran infieles a sus parejas que permanecían en Cuba. Conoció solamente una doctora que no lo fue, pero a ella su esposo le fue desleal en La Habana, y el matrimonio terminó a pesar de su conducta intachable. Ella fue con la ilusión de ahorrar un dinero para construirse un pequeño apartamento, que entre mi hija y yo le diseñamos. Después de su decepción optó por "desertar".

Y me vuelve a ripostar el imaginario personaje: "Han ido porque han querido". ¿Sí? ¿De veras? ¿Acaso no quedan marcados si dicen que no? ¿Y los que lo han hecho pensando en que van a resolver el agudo problema de vivienda, o que van a garantizarles a sus hijos el dinero necesario para comer y calzarse elementalmente? Han cambiado bienes materiales por la necesaria espiritualidad. Pero esto de darle tanta importancia a lo material también lo fomentó el gobierno, por ser incapaz de resolver necesidades primordiales, por pagar salarios irrisorios basándose en que subsidia la canasta básica —cuyo surtido, cantidad y calidad causa risa— y la educación gratis, de la que ya he explicado sus características: por el piso; asistencia médica también gratuita, en hospitales llenos de cucarachas, donde falta el agua y predomina la falta de higiene, donde la comida es repugnante y los familiares que tienen algunos recursos (los que no tienen, a arreglárselas como puedan) han de llevar el avituallamiento completo para la estadía del enfermo en el lugar —si tiene la desgracia de ingresar—, incluyendo desayuno, almuerzo y comida para el enfermo y para el acompañante ¡Ah! y cuidado no se complique, contrayendo otra enfermedad en el propio hospital.

Desarraigo el de los adolescentes, casi niños, que cumpliendo su Servicio Militar Obligatorio fueron llevados a las guerras en África. Al principio ni los propios padres u otros familiares sabían dónde se encontraban. El que no aceptaba iba preso y ninguno imaginaba a qué se iba a enfrentar, si es que ni tan siquiera sabían a dónde los conducían. Cuántos regresaron traumatizados (porque no se traumatizan solo los veteranos de Vietnam, los de la guerra del Golfo, Afganistán o Irak, a estos traumatizados les da mucho "bombo y platillo" el

gobierno cubano) y cuántos de esos niños-jóvenes enviados a las guerras africanas no regresaron.

Cuando mi hija menor salió de Cuba de forma definitiva para los EE. UU. Un amigo que me vio muy triste me dijo: "Lola, no se angustie, si aquí el que no se ha ido definitivamente está en misión, otros están en contratos en el extranjero para poder mantener la familia, y no se olvide de las jineteras, que venden sus cuerpos y que también están lejos de la familia a cambio de vivir mejor materialmente y para proporcionarles un alivio a sus familiares".

Lo que no ha querido reconocer (el gobierno) es que el principal culpable de todo esto es el sistema socialista y, por supuesto, los que están empecinados en mantenerlo o establecerlo en otros países.

En cuanto a la religión: ¿que no hubo hostigamiento? En mi iglesia se nos prohibió quedarnos conversando en el jardín después de la misa. Esa era una tradición, en la que luego nos distribuíamos por edades en las aulas del colegio, antes de la intervención, para realizar estudios bíblicos y más tarde en la casa pastoral.

Los domingos, después de misa, acostumbrábamos dar una vuelta por la calle Martí. Nos encontrábamos con nuestras amigas y amigos que venían, en sentido contrario, de misa en la Católica Romana. Las muchachas lucíamos nuestros velos en la mano, bien a la vista, desafiando las prohibiciones.

En Semana Santa, yo disfrutaba llegar al pre universitario con mi velo en la mano, señal de que había estado desde horas tempranas en el templo, en retiro espiritual. Un acto de soberbia, lo reconozco, pero también de desafío.

Recuerdo que frente a mi casa se encontraba el "Salón del Reino" de los Testigos de Jehová. Estos eran perseguidos

entre otras cosas, por sus ideas antipatrióticas, como el no jurar la bandera. Comenzaron a pasar en bicicleta frente al local grupos de jóvenes y arrojaban piedras hacia el interior, para amedrentarlos, poniendo en riesgo la vida de los congregados. Ellos decidieron cerrar las puertas, aquellas puertas de hierro que se enrollaban hacia arriba que muchos han de recordar que existían en los comercios. Entonces, se sentían las piedras golpeando fuerte contra el metal.

Mi padre, que perteneció al 26 de julio en la clandestinidad, y luego a las ORI (Organizaciones Revolucionarias Integradas) cuando unieron todas las organizaciones que apoyaron la lucha revolucionaria, "colgó los guantes" al fundarse el Partido Unido de la Revolución Socialista (PURS) y dijo que no, que no tenía ningún interés en integrar partido alguno, que en fin de cuentas este gobierno había resultado, una vez más, en un "quítate tú para ponerme yo".

Apoyándose en amistades que le quedaban, se dirigió a algún dirigente, explicó lo que estaba sucediendo con los Testigos y dijo que eso no se podía tolerar, que él, como vecino y ciudadano del país, se oponía a ese tipo de represión y práctica de convencimiento. Al menos no hubo más ataques violentos. Meses antes había hablado con el que cuidaba el Salón, vecino de muchos años, para decirle que no fueran más a casa a hacer labor proselitista, que éramos episcopales y que tenían que respetarnos igual que nosotros a ellos (nos dejaron tranquilos). Digo esto para aclarar que no los defendió porque fuera simpatizante de esta denominación religiosa sino por un acto de "respeto al derecho ajeno, que es la paz" tomando prestada casi exacta la frase de Benito Juárez.

A partir de la segunda mitad de la década de 1960, quizás antes, en nuestra pequeña ciudad, la Iglesia Católica Romana, había tomado un auge enorme, sobre todo entre los

jóvenes. Había formado grupos musicales, de teatro, en fin... Fue un escándalo político, tanto que el propio Ministro de Educación se presentó en la localidad y se reunió con los jóvenes en el preuniversitario. Después de volcar sobre ellos su demagógica verborrea, comenzó a emplazarlos. Me cuenta directamente una víctima de esa ocasión: "Llanusa, entonces ministro, le dijo. 'Párese' y_ ella se puso de pie. El funcionario le espetó, sin rodeos: 'Dígame, ¿es usted religiosa?' 'Sí', dijo ella. Y él preguntó: '¿Por qué?' Ella respondió: 'Porque mis padres son católicos, yo nací católica, y es mi formación de principios'. La mandó a sentar, se enfrentó con los militantes y revolucionarios aparentes, los embistió: A ver, ¿qué hacen ustedes, cómo permiten que esos curas se lleven a los jóvenes que deberían estar en sus filas? Tienen que competir con ellos y revertir esta situación". Así fue efectuando reuniones por grupos.

Muchos, sobre todo los de nuestra generación, conocen la existencia de la UMAP. En estas unidades, pequeños campos de concentración, aglutinaban (de forma obligatoria) a aquellos que los dirigentes llamaban antisociales: religiosos, homosexuales, simpatizantes de los hippies, asiduos al ballet, los que escuchaban música americana, en fin...

Un pastor de una denominación evangélica que fue reclutado (obligado) para la UMAP, fue llamado por el Jefe a la oficina, que le preguntó quién era él. El joven contestó que era pastor de la Iglesia. El hombre lo botó del local diciéndole "¡Salga, Dios no entra en mi oficina!" (El pastor citado escribió un libro donde narra estos hechos y otros más relacionados con el tema. El libro se titula Dios no entra en mi oficina, Alberto I. González Muñoz).

Por qué al matricular en la Universidad y cada año al renovar la matrícula, nos hacían un interrogatorio "cuéntame

tu vida" donde se incluían estas preguntas: ¿tiene usted. Ideas religiosas? ¿Pertenece a alguna denominación religiosa? ¿Ocupa cargo dentro de alguna organización religiosa, logia u otra hermandad? Lo mismo al comenzar a trabajar en cualquier centro. ¿Es que se mide la capacidad para ocupar un puesto de trabajo por las ideas religiosas?

Son solo pequeños ejemplos de las cosas que han pasado y que algunos todavía pretenden tapar con un dedo. Un fragmento mínimo de lo que hemos vivido (o sufrido) los que tuvimos la desdicha de quedarnos en Cuba. Luisa y Felipe pertenecen a las dos partes: ella que emigró, él que se tuvo que quedar hasta que no pudo más o se le dio la oportunidad de marcharse. Es parte de lo que ha pasado en el intervalo en que los protagonistas se separaron y se reencontraron.

Sé que hay historias peores, unas se han escrito y otras no han quedado plasmadas. No minimizo ninguna, pero creo que es importante saber que aquel país se podrá levantar físicamente algún día, con el decursar de la historia, pero que la moral y los principios serán muy difíciles de rescatar. Pasarán varias generaciones antes de recuperarlos. Es muy triste.

En los primeros párrafos señalé que la historia de Luisa y Felipe tiene un hilo conductor que, resumiéndolo, es Cuba y el exilio. Al escribir este contexto me he dado cuenta de algo: la historia de Luisa y Felipe constituye a la vez el hilo conductor que me ha permitido mostrar un fragmento de aquello en lo que se ha convertido la sociedad cubana tras cincuenta y cinco años.

¡Triste realidad! ¿Habrá Final Feliz? ¿Cuándo? Son preguntas que no tienen respuesta.

Por el momento, resignémonos. No vislumbro el final. Lo dejo abierto. Cada cual es libre de tener sus propios sueños o desengaños.

Luisa y Felipe

Capítulo 11

Luisa y Felipe
El reencuentro

Marzo del 2007: Felipe visita Miami es invitado a un encuentro de moroneros en casa de una amiga, Luisa está invitada también.

Allí en un grupo de amigos, conversando animadamente, está Felipe. Luisa entra al salón donde se reúnen los invitados, de una ojeada recorre el lugar observando a los asistentes, a pesar de que Felipe está de espaldas y de habían transcurrido más de cuarenta años sin verlo, Luisa lo reconoce y un estremecimiento la aturde. Al mismo tiempo Felipe se da vuelta, y sus ojos verdes y los de color café de Luisa se encuentran. Sonríen.

Caminan lentamente uno hacia el otro, se abrazan como dos amigos que hace tiempo no se encuentran. El resto de los invitados se paraliza, el silencio invade la sala, ni siquiera se escucha la música.

El buen observador se da cuenta de que ese abrazo es diferente y de que un pequeño volador circunda la pareja: Cupido, el travieso dios del amor, preparado con su flecha, pero dubitativo pues está pensando que no hace falta, que hace mucho tiempo que esa flecha cruzó esos corazones.

Ahora textualmente lo que cuenta Luisa de ese reencuentro y lo que sigue...

"Con Felipe: nos reencontramos en marzo de 2007 y en seguida retomamos nuestra breve experiencia amorosa de la juventud.

La separación de más de cuarenta años en la que cada cual se desarrolló como persona en distintas circunstancias sociales y políticas puso de manifiesto diferencias que pudimos resolver por tener un pasado y una base común de crianza, educación, historia, amistades, experiencias y principios morales. Compartimos todo, rememoramos circunstancias, estamos pendientes uno del otro y esperamos terminar nuestras vidas juntos".

Final Feliz.

Epílogo

Analicemos. Esta historia terminó bien, feliz. Otras han tenido igual final. Sin embargo, cuántas quedaron tronchadas. Cuántas parejas nunca más se reencontraron o, si sucedió, ya no tuvieron oportunidad de continuar lo aplazado. Estoy segura de que los que lean este relato recordarán casos similares, quizás situaciones propias, algunas peores, hasta terribles.

Cuántos padres/madres no volvieron a encontrarse con sus hijos. Cuántos hermanos, amigos, familiares en distintos grados no volvieron a saber unos de otros.

¡Cuántas divisiones creó la Revolución!

Lo que dije al principio ¡la bomba que nos desintegró! y que continúa con su onda expansiva; un final que no se avizora.

No hay Final Feliz para todos.

Apéndice

Algunas anécdotas

Sobre la amistad con varones puedo contar dos anécdotas propias:

Estaba cursando el pre primario (preescolar ahora). En el aula había una gran mesa ante la cual nos sentaba la maestra para realizar diferentes labores manuales. Nos ubicaba sin predeterminación, podía ser que dos varones los sentara contiguos luego una niña, es decir, al azar. Recuerdo aquella mañana. Sentó en la cabecera de la mesa a un varón y a su izquierda me sentó a mí. Empecé a llorar. La maestra vino corriendo a ver qué me pasaba. Yo no soltaba prenda. Por fin consiguió que dijera mi motivo: "Mi papá no me deja sentar al lado de varones". Me dijo: "Eso no tiene importancia, son compañeritos de aula, él es tu amiguito". Mi llanto arreció: "Mi papá no me deja tener amiguitos, solo amiguitas". La maestra se sintió impotente y mandó a su asistente a buscar a mi mamá al aula de cuarto grado, en la que mi madre era la maestra, y que estaba próxima a la nuestra. Mi mamá llegó aprisa y conversó con la maestra en tono bajo. Me enteré del contenido del diálogo cuando ella se lo contó a mi padre en la casa. En el momento, lo que supe fue que mi mamá, ¡la maestra de cuarto grado!, recogió todas mis pertenencias, me tomó de la mano y me condujo al aula de primer grado, en la que estaba la directora del colegio dando clases. Habló con ella en voz baja de nuevo y, de pronto, me vi sentada en un pupitre compartido. Ahí estuve

Luisa y Felipe

hasta que terminó el curso. La directora me daba el contenido de pre primario aparte, de forma personalizada.

Lo que sucedió: la maestra de pre le dijo a mi mamá el motivo de mi llanto, esta le pidió que me cambiara de puesto, aquella se negó y agregó, "Llévenla a un especialista, es peligroso que no quiera relacionarse con varones". Mi mamá montó en cólera y ya, "me secuestró" del aula que me correspondía. ¡Ja-ja-ja, lo que nadie supo nunca es que no era que a mí me importara lo que mi papá dijera, si yo no formo el show ni se hubiera enterado porque ya expliqué que la ubicación era aleatoria y variable. El verdadero motivo de mi llanto era que me puse nerviosa porque yo estaba ¡"enamorada" de ese niño! Y la emoción de tenerlo al lado me dio por el llanto y el espectáculo.

Otra de hembras y varones: íbamos por la calle principal del pueblo, ya yo tendría 9 o 10 años, caminaba delante y mis padres de guardaespaldas. En el sentido contrario venía un condiscípulo y me saludó sonriéndome. Mi padre increpó al "agresor": "¿Qué pasa, te gusta la niña? ¡A ver, contesta!" Mi mamá se paralizó, yo también, el niño salió corriendo. Cuando mami y yo reaccionamos le dijimos a papá: "Oye ese es el hijo de Julio". ¡Nada menos que uno de los grandes amigos de mi papá y compañero de trabajo! ¡Él quería que la tierra se lo tragara! Al otro día, a primera hora, el amigo fue a buscarlo al puesto de trabajo, a reclamarle el mal trato que le había dado a su hijo. Por suerte, la sangre no llegó al río. El otro también tenía hija y la cuidaba como tesoro y con las mismas costumbres. La amistad no se resquebrajó.

Dice mi amiga María del Carmen que en su casa también le tenían prohibido hablar con varones y tener amigos. Un día iba ella con sus padres por la esquina de

Luisa y Felipe

Callejas y Martí y pasó un compañerito de aula de la secundaria, la saludó y ella le negó la respuesta, les sostuvo a los padres que no lo conocía.

Entre mis amigas estaba Mireya, EPD, que no la dejaban ir al cine sin adultos, pero como su familia tenía mucha confianza en la mía una vez que yo obtuviera el permiso, a ella se lo daban, solo si yo iba. Hum.

Pues un día nos pusimos de acuerdo en grupo para ir en pantalones. Era algo que siempre acordábamos, ir vestidas al mismo estilo. La mamá de Mireya dijo que no, que la niña no iba a ir en pantalones porque no era ropa adecuada para el lugar, que por lo tanto o era rompe grupo o no iba. La llamé por teléfono (a la señora), le di la coba. Parece que a pesar de mi corta edad tenía poder de convencimiento, Mireya fue al cine y en pantalones.

Nayda, año y medio menor que yo, era la más joven del grupo. Su padre era muy estricto, pero por su trabajo pasaba días fuera de la casa. Ella era atrevida y se "las jugaba" a su mamá, persona muy dulce, aunque de carácter. El caso es que iba a las fiestas, con doce años y bailaba. Nunca les había pedido permiso a sus padres para hacerlo y como su mamá no iba a las fiestas sino que por lo general se la confiaba a la mía cuando esta podía ir, mami pensaba que tenía permiso y no intervenía en la cuestión pues no había recibido ninguna recomendación al respecto. Nosotras, mayores que ella, nos quedábamos "comiendo el pavo".

www.ingramcontent.com/pod-product-compliance
Lightning Source LLC
Chambersburg PA
CBHW020019050426
42450CB00005B/556